Short Vowel Sound: a

Alli Gator likes to act. She uses props.
Props help make a play seem real.

Look at the short **a** props.
Write the missing letters.

1. __ a __

2. __ a __

3. __ __ ck

4. st __ mp

5. b __ t

6. l __ mp

7. __ a __

8. __ a __

9. __ __ sk

1

Short Vowel Sound: a

People sing and dance in some plays.
Alli tap dances to short **a** words.

Look at each picture. Say the word.
Circle **yes** if the word has a short **a** sound.
Circle **no** if the word does not have the short **a** sound.

1. Yes No
2. Yes No
3. Yes No
4. Yes No
5. Yes No
6. Yes No
7. Yes No
8. Yes No
9. Yes No
10. Yes No
11. Yes No
12. Yes No

2

Stage lights help us see props and players better.

Color the short **a** words red to see what is on the stage.

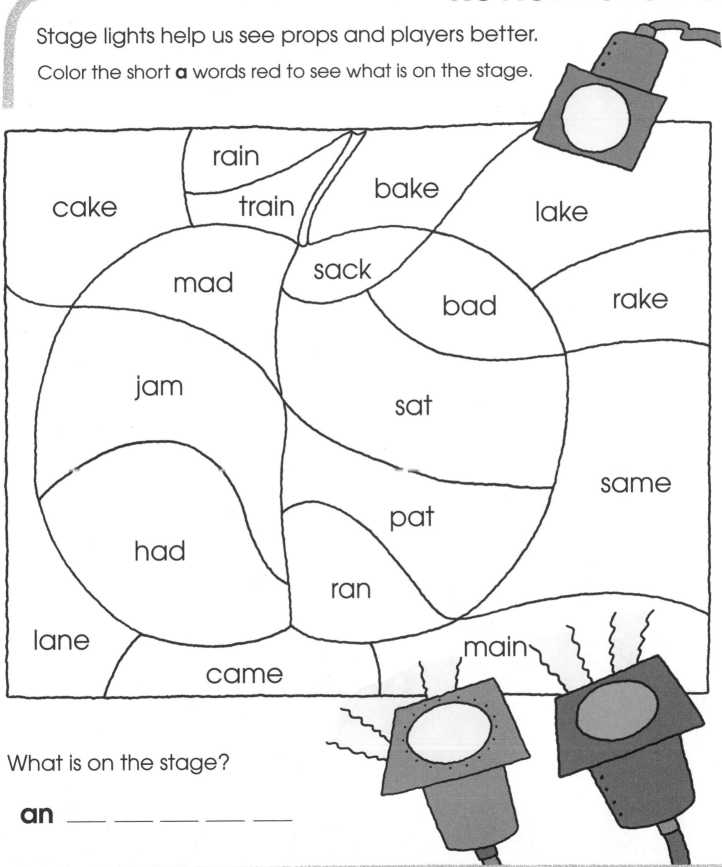

rain

cake

train

bake

lake

mad

sack

bad

rake

jam

sat

same

had

pat

ran

lane

main

came

What is on the stage?

an ___ ___ ___ ___

Review: short a

Alli is reading the script for the short **a** play.
Some words are missing.

Write each answer on the correct line.

| mask | tag | bat |
| hand | cat | |

1. PAT: Let's play baseball. I'll get the ball and _____ .

2. SALLY: If I'm catcher, I'll need to wear a _____ .

3. SALLY: My _____ will be our mascot.

4. PAT: I can catch the ball with this mitt on my _____ .

5. SALLY: And I will _____ runners to get the winning out!

Short Vowel Sound: e

Elmer Elephant is in the short **e** play.
Help Elmer learn his way around the stage.

Write the short **e** word by each picture.

tent   sled   ten
nest   bell   bed

1. _____

2. _____

3. _____

4. _____

5. _____

6. _____

5

Short Vowel Sound: e

Help Elmer remember his words for the short **e** play.

Draw a line from each short **e** word to its picture.
Say the word for Elmer.
Write each word under its picture.

1. __ __ __ __

web

belt

pen

2. __ __ __

dress

5. __ __ __ __

desk

3. __ __ __

6. __ __ __

hen

4. __ __ __ __

bed

7. __ __ __

Short Vowel Sound: e

Elmer does not know which words are from the play.

Write **e** by Elmer's short **e** words.
Put an **x** by the words that do not have the short **e** sound.

1. ___ **bell**

2. ___ **cent**

3. ___ **teeth**

4. ___ **web**

5. ___ **leaf**

6. ___ **red**

7. ___ **bee**

8. ___ **nest**

Review: short a, e

Alli and Elmer are in a play about fire safety.
Can you help them with their lines?

Read each sentence.
Write the answer on the line.
Use the words from the box.

plan	fast	handle	bell
red	get	ladder	Men

1. ELMER: It is time to put out a fire when the _____ rings.

2. ELMER: _____ and women firefighters save lives.

3. ALLI: We need to _____ when it comes to fire safety.

4. ALLI: You can hang a rope _____ from your window.

5. ALLI: And don't open a door if the _____ is hot!

6. ELMER: If you smell smoke, _____ help.

7. ELMER: Firefighters will come in their big, _____ truck.

8. ALLI: They will help you as _____ as they can.

Review: short a, e

Actors go to school, too.
Help Alli and Elmer with their lesson.

Write **a** or **e** in each word. Say the word.
Then draw a line to its picture.

1. w ___ b

2. f ___ n

3. ___ pple

4. ___ nt

5. sl ___ d

6. t ___ nt

7. d ___ sk

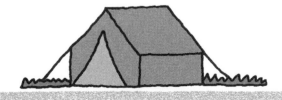

Short Vowel Sound: i

Meet Iggy Iguana. He is writing a short **i** play.
He needs help with some words.

Write **i** on the blanks.
Say the words.

1. b __ b

2. f __ sh

3. p __ g

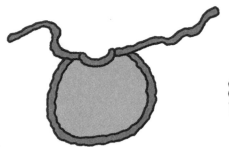

4. m __ tt

5. h __ ll

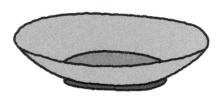

6. d __ sh

7. br __ ck

8. w __ g

9. g __ ft

Short Vowel Sound: i

Iggy is practicing for the short **i** play.
He needs to practice with short **i** props.

Look at each picture. Say the word.
Circle **yes** if the word has the short **i** sound.
Circle **no** if the word does not have the short **i** sound.

1. Yes   No   2. Yes   No   3. Yes   No

4. Yes   No   5. Yes   No   6. Yes   No

 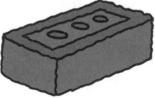 

7. Yes   No   8. Yes   No   9. Yes   No

10. Yes   No   11. Yes   No   12. Yes   No

Short Vowel Sound: i

Iggy wants you to see his short **i** play.

Color the letters with short **i** words to see what Iggy has for you.

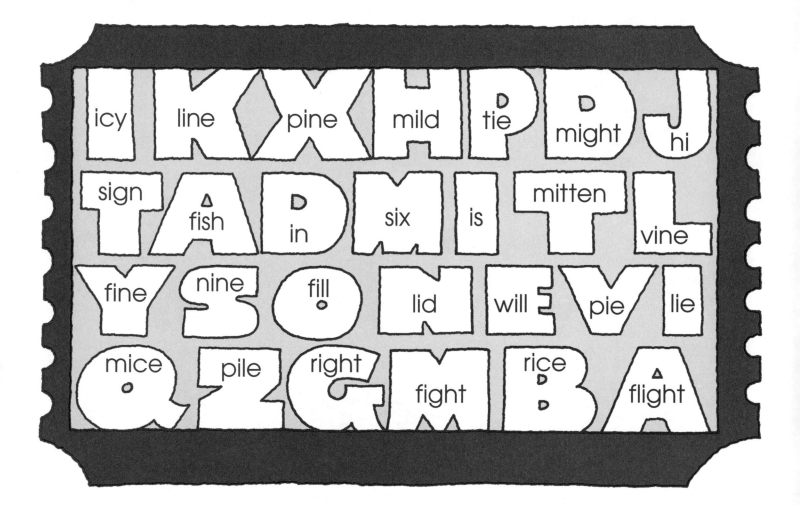

What is Iggy's message? __ __ __ __ __   __ __ __

Now you can go to the short **i** play!

Alli and Iggy have notes on their dressing-room doors.

Write the short **a** words on Alli's door.
Write the short **i** words on Iggy's door.

pig	hat	lamp	six
hill	hand	fish	bad

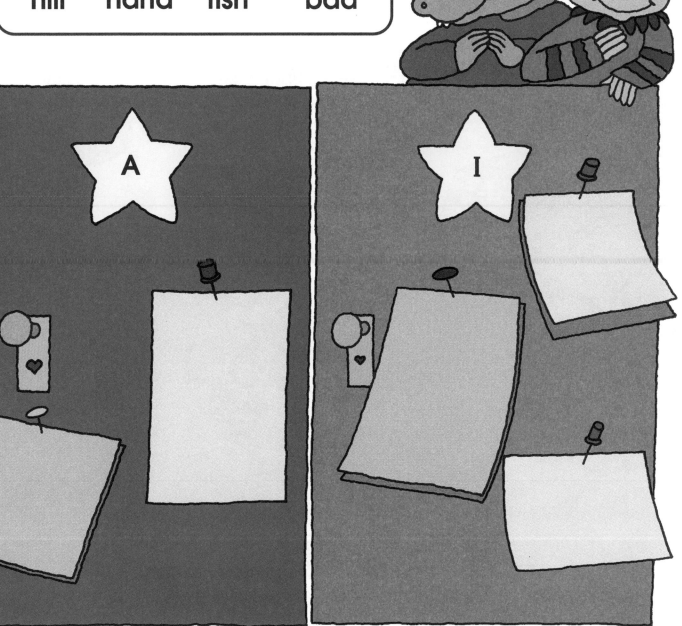

Review: short e, i

Actors need to know their words.
Help Iggy and Elmer find the correct words.

Look at each picture. Say the word.
Draw a line from Iggy to each short **i** picture.
Draw a line from Elmer to each short **e** picture.

Elmer and Iggy are setting the stage.
Help them find the six missing short vowel props.

Circle the hidden pictures.
Then write each short vowel word on the correct line below.

bat   pen   fan
gift   tent   fish

short a   **short e**   **short i**

_____ _____ _____

_____ _____ _____

Short Vowel Sound: o

Meet Olive Octopus.
She has brought her own props for the short **o** play.

Write an **o** in each blank.
Then tell what Olive is holding.

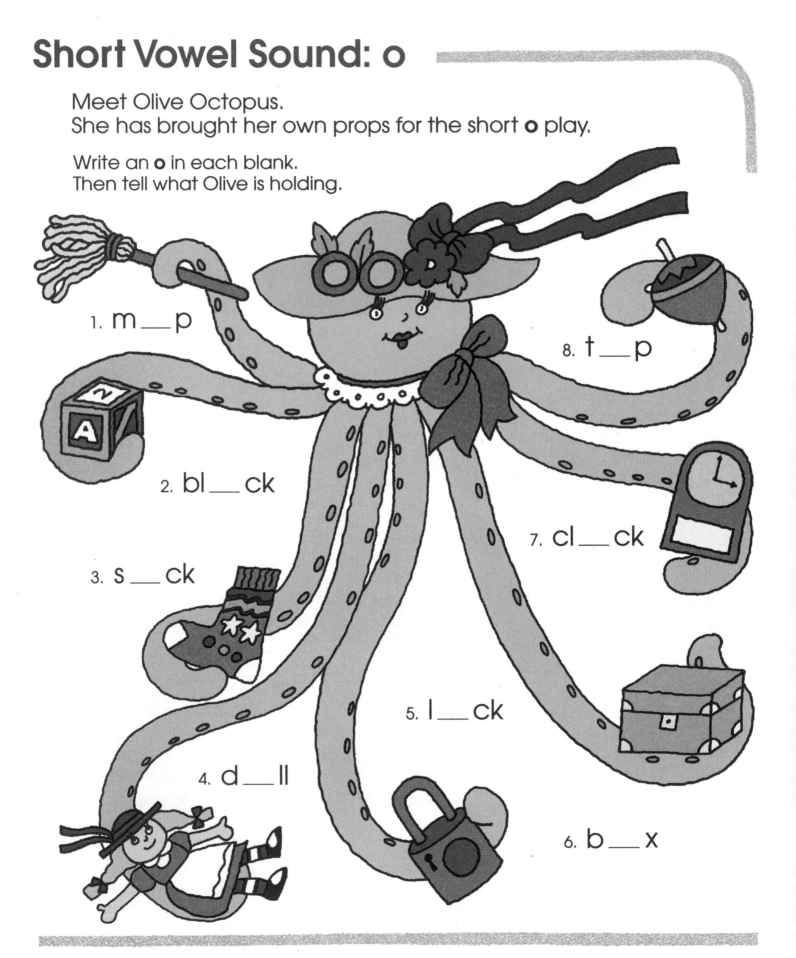

1. m__p

2. bl__ck

3. s__ck

4. d__ll

5. l__ck

6. b__x

7. cl__ck

8. t__p

16

Short Vowel Sound: o

Olive dreams of singing in the play.
She is singing songs with short **o** words.

Circle the short **o** pictures to hear words from her song.

1.

2.

3.

4.

5.

6.

7.

Review: short o

Help Olive find another prop for the short **o** play.

Color all the short **o** words in the picture red.

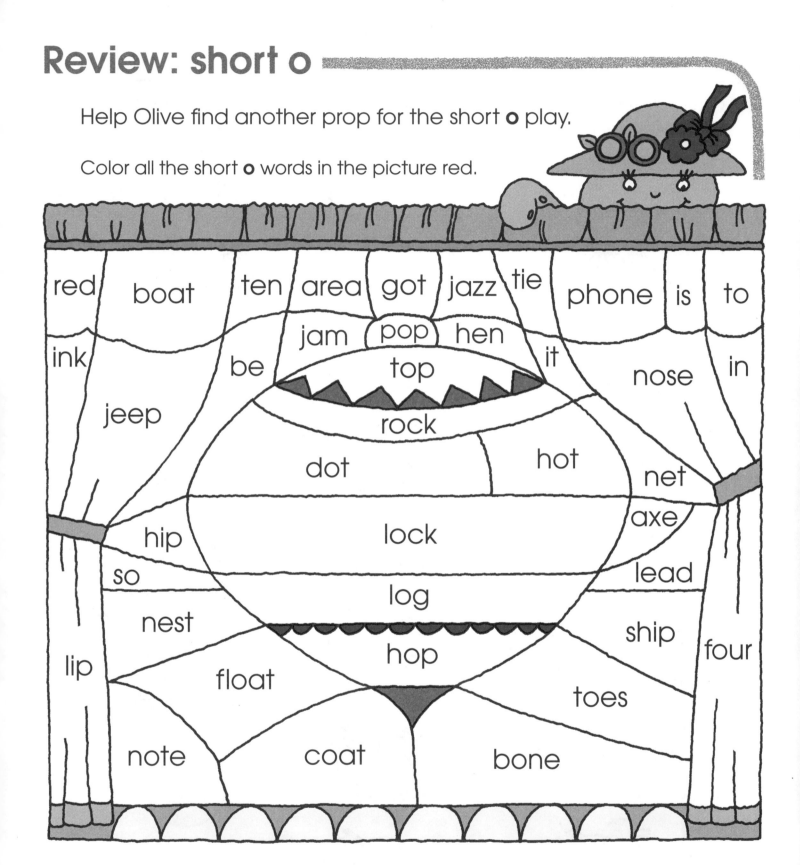

red · boat · ten · area · got · jazz · tie · phone · is · to

ink · be · jam · pop · hen · it · nose · in

jeep · top

rock

dot · hot · net

axe

hip · lock · lead

so · log · ship · four

nest · hop

lip · float · toes

note · coat · bone

What is the prop? ___ ___ ___

Costumes are clothes you wear to make a play seem real.

Answer the riddles about costumes.
Write **a** on the blank if the answer is a short **a** word.
Write **o** if the answer is a short **o** word.

1. You wear this on your head.   h __ t

2. Too many clothes make you feel this way.   h __ t

3. A kind of tall hat.   t __ p

4. A kind of dance shoe.   t __ p

5. You put this on your foot.   s __ ck

6. You carry things in it.   s __ ck

Review: short e, o

Oh, oh! Alli and Elmer are hiding with some props.
Help the show go on.

Circle the six hidden pictures.
Write the words on the correct lines.

hen	bed	clock
sock	mop	bell

short e

_____

_____

_____

short o

_____

_____

_____

Review: short i, o

Sounds and music help tell a story.

Look at the pictures. Say the words.
Circle **i** if the word has the short **i** sound.
Circle **o** if it has the short **o** sound.

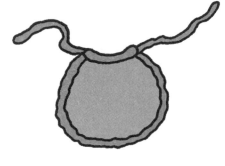

1. **i**   **o**   2. **i**   **o**   3. **i**   **o**

4. **i**   **o**   5. **i**   **o**   6. **i**   **o**

7. **i**   **o**   8. **i**   **o**   9. **i**   **o**

Review: short a, e, i, o

It is the last practice before the play opens.
Help the players with their words.

Circle the picture in each row that has
the same sound as the short vowel.

1. short **a**

2. short **e**

3. short **e**

4. short **i**

5. short **a**

6. short **o**

7. short **i**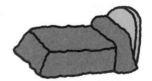

8. short **o**

22

Short Vowel Sound: u

Uncle Upton gives short **u** puppet plays.

Look at the pictures of the short **u** puppets.
Write the missing letters. Say the words.

This play moves short **u** puppets with strings.

1. d __ ck   2. b __ g   3. c __ b

This play moves short **u** puppets with sticks.

4. s __ b   5. b __ s   6. tr __ ck

Short Vowel Sound: u

All players wear makeup when they are in a play.
Putting on makeup is like coloring.

Color the pictures with the short **u** sound.

1.

2.

3.

4.

5.

6.

7.

8.

9.

10.

11.

12.

Upton will paint the background for the play.
Can you help him?

Color all the short **u** words yellow.

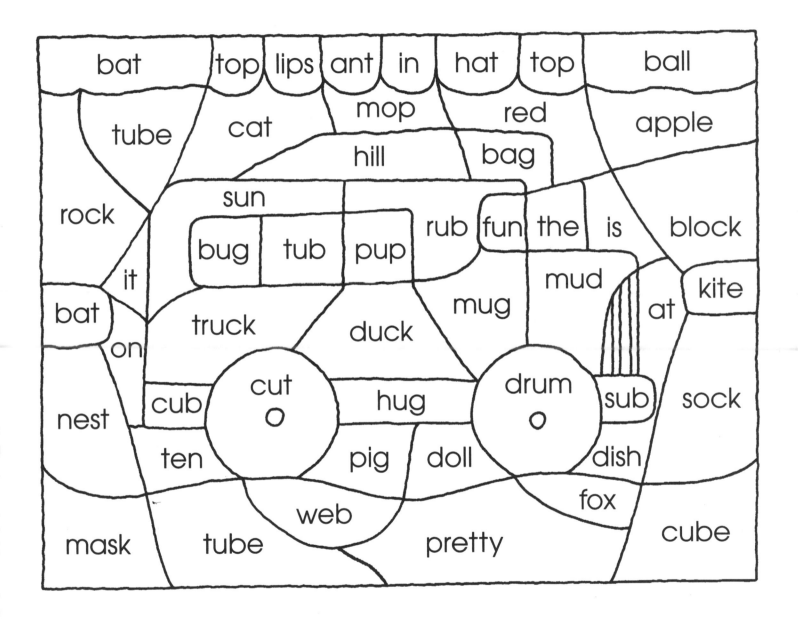

This is a picture of a ___ ___ ___ .

25

Review: short a, u

Alli and Upton are missing some words from their lines.

Write words from the box in the sentences to help them.

cap	bug	bag	cut
cat	fan	fun	cup

SETTING: Alli and Upton are in a shop trying to find a birthday present for Dad.

1. ALLI: Let's get Dad a baseball _____ .

2. UPTON: Maybe a _____ for his soup.

3. ALLI: Oh! Here is a picture of a _____ with kittens.

4. UPTON: Does Dad need a knife to _____ apples?

5. UPTON: This net would be good for _____ collecting.

6. ALLI: Mmm! We could get him a _____ of cookies.

7. ALLI: It's been hot. How about a _____ to keep cool?

8. UPTON: Let's get it all! Dad will really have a _____ birthday now.

When you go to a play, your ticket shows you where to sit.
Write the correct words on the seats.

Write short **e** words on the short **e** side.
Write short **u** words on the short **u** side.

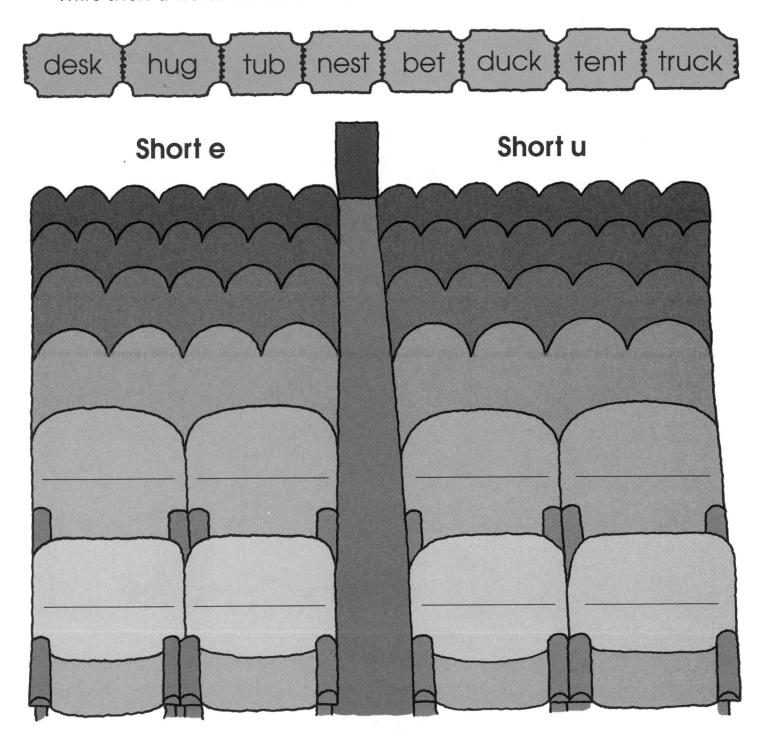

desk | hug | tub | nest | bet | duck | tent | truck

Short e

Short u

Review: short i, u

Places, everyone! Iggy and Upton find
their places, but they need their props.

Look at each picture. Say the word.
Write **i** or **u** on the blank.
Draw a line from Iggy to each short **i** picture.
Draw a line from Upton to each short **u** picture.

1. p __ g

2. b __ s

3. m __ ttens

4. c __ p

5. f __ sh

6. dr __ m

Help Upton and Olive find their way to the show.

Write the correct word by each picture.

doll   duck   bus

lock   mop   fox

1. _____

2. _____

3. _____

4. _____

5. _____

6. _____

Review: short a, e, i, o, u

It's opening night for the short vowel play!
See what the play is about.

Look at each picture. Say the word.
Circle the letter that has the short vowel
sound in the word.

Short Vowel Play

1. **e**　a　　2. **e**　i　　3. **i**　o　　4. **o**　u

5. **e**　a　　6. **e**　o　　7. **e**　i　　8. **e**　u

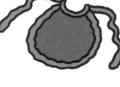

9. **i**　o　　10. **i**　u　　11. **e**　a　　12. **i**　e

13. **o**　u　　14. **o**　a　　15. **o**　e　　16. **o**　i

30

Long E Sound: ee

Buzzing Bee will help you with the long **e** sound.

Write the long **e** word under each picture.
Say the word.

> sheep   teeth
> three   teepee
> wheel   tree

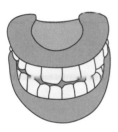

1. _____

2. _____

3. _____

4. _____

5. _____

6. _____

Long E Sound: **ee**

Long E Sound: ea

In some words the letters **ea** make the long **e** sound.
Write **ea** on the lines. Say the words.

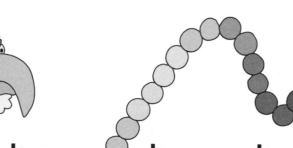

1. **m ___ ___ t**

2. **l ___ ___ f**

3. **s ___ ___ l**

4. **p ___ ___ nut**

5. **___ ___ gle**

6. **j ___ ___ ns**

7. **b ___ ___ k**

8. **b ___ ___ ds**

Long E Sound: **ea**

Long E Sound: ey

The Great Longo makes magic with the letters **ey**.

Write a long **e** word by adding the letters **ey**.
Say each word.
Draw a line from the picture to the word.

Look at all these long e words made with **ey**!

1. **k** __ __

2. **monk** __ __

3. **donk** __ __

4. **hock** __ __

5. **mon** __ __

6. **turk** __ __

41

Long E Sound: ie, e

Help the Great Longo catch a thief!

Write the long e word by each picture.
Say the word.

he	field	chief
she	shield	thief
cookie		

Long E Sound: Review

The Great Longo is hiding things!

Circle a hidden picture for each long **e** word.

cookie   key   peanut   bee   turkey
teepee   tree   wheel   leaf   penny

Long E Sound: Review

Say each word.
Circle **Yes** if the word has the long **e** sound.
Circle **No** if it does not.

thief

1. Yes   No

sheep

2. Yes   No

bed

3. Yes   No

peach

4. Yes   No

net

5. Yes   No

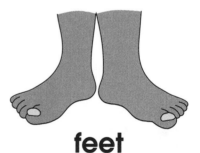

feet

6. Yes   No

men

7. Yes   No

bee

8. Yes   No

monkey

9. Yes   No

Long I Sound: ie, y

The Great Longo makes long **i** words.
He uses the letter **y** or the letters **ie**.
The Great Longo is tricky!

Read each sentence.
Then fill in the blanks with rhyming words from the box.

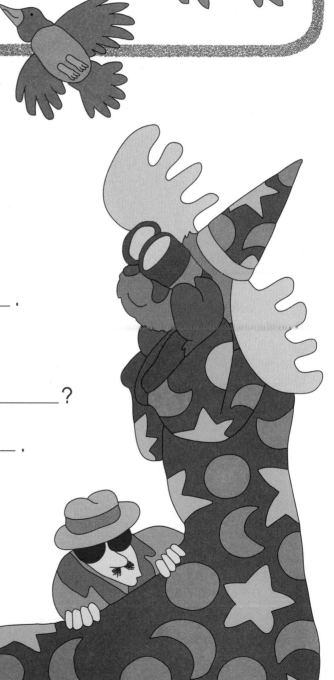

spy – sly	Why – dry
pie – tie	My – shy
Try – cry	fly – sky

1. Birds _____ in the _____ .

2. A _____ must be very _____ .

3. _____ sister is very _____ .

4. _____ not let our paintings _____?

5. Some _____ fell on my _____ .

6. _____ not to _____ .

Long I Sound: igh

Mighty Lion is chasing the Great Longo.

Help him get away.
Write the long **i** word by each picture.

night	knight	light
fight	fright	right
	high	

Yeah! We made it!

Long I Sound: ild, ind

The Great Longo is making riddles.
The answers are long **i** words that end in **ild** or **ind**.

Read each sentence.
Write the long **i** word.

blind	mind
wild	find
child	kind

1. If you help people, you are _____ .

2. A baby is a _____ .

3. I think with my _____ .

4. If you can't see, you are _____ .

5. If you lose a toy, you try to _____ it.

6. A horse that is not tame is _____ .

Long I Sound: silent e

The Great Longo is making silent **e** words again!
This time his words have the long **i** sound.

Add **i** to each word. Say the word.
Draw a line from the word to its picture.

1. **d __ me**

2. **t __ me**

3. **b __ ke**

4. **k __ te**

5. **wr __ te**

6. **t __ re**

7. **f __ re**

8. **h __ ve**

Long I Sound: silent **e**

Long I Sound: Review

Help the Great Longo on a long i butterfly chase!

Catch all the long i butterflies!
Color each butterfly that has a long i word on it.

Long I Sound: Review

Read each word. Say each picture word.
Circle the words or pictures that have the long **i** sound.

1.

2. **nine**   **eight**   **six**

3.

4. **gift**   **tire**   **dig**

5.

6. **baby**   **bee**   **dime**

7. **6**   **5**   **4**

Long O Sound: oe, oa

The Great Longo makes long **o** words in tricky ways.
Sometimes he uses **oe** to make the long **o** sound.
Sometimes he uses **oa** to make the long **o** sound.

Look at each picture.
Say the word.
Write in the missing letters.

1. t __ __

2. h __ __

3. d __ __

4. r __ __ d

5. c __ __ t

6. t __ __ st

7. b __ __ t

8. g __ __ t

9. t __ __ d

Long O Sound: o, ow, old, ost

The Great Longo is making long **o** sentences.
He makes the long **o** sound with **o**, **ow**, **old**, or **ost**.
How tricky!

Read each sentence.
Write the long **o** word.

no	**ghost**	**bowl**
go	**snow**	**Gold**
old	**crow**	

1. Get ready, get set, _____ !

2. I eat soup from a _____ .

3. White _____ fell from the sky.

4. _____ is bright and shiny.

5. Did you see a _____ on Halloween?

6. That black bird is a _____ .

7. If it's not yes, it is _____ .

8. How _____ are you?

Long O Sound: **o, ow, old, ost**

Long O Sound: silent e

The Great Longo is lost! He wants to go home.
Help him find the way.

Draw a line from the Great Longo to
the first word that has the long o sound.
Then draw a line to connect all of the
words with the long o sound.

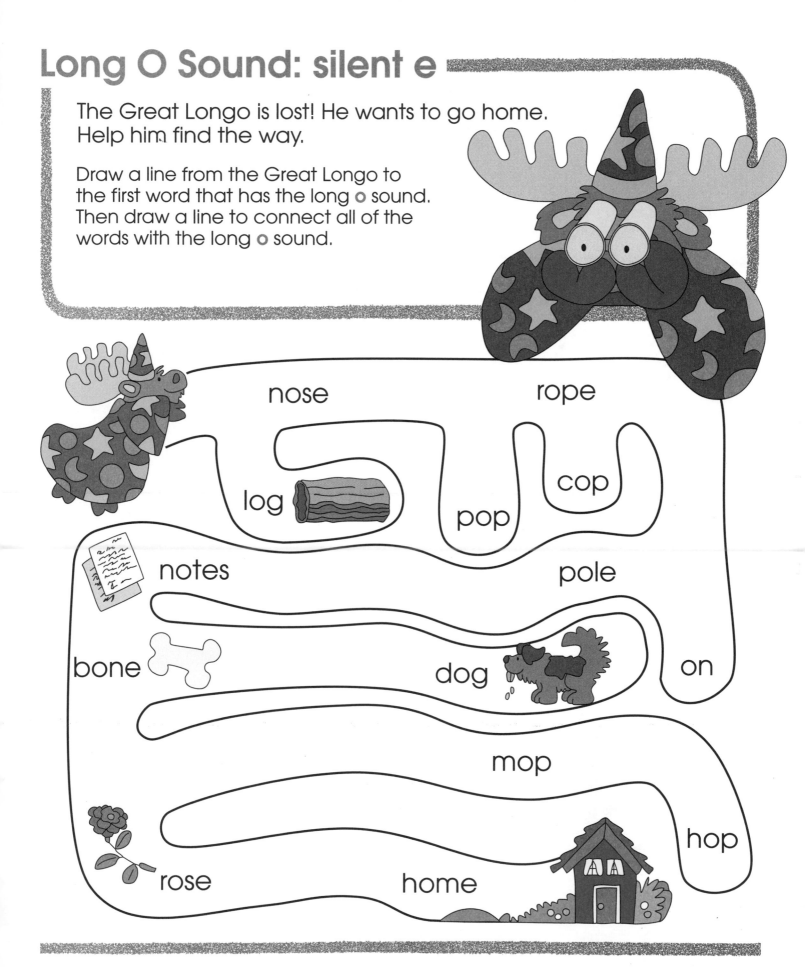

nose

rope

log

cop

pop

notes

pole

bone

dog

on

mop

hop

rose

home

Long O Sound: silent e

Long O Sound: Review

Help the Great Longo put long o words inside his giant globe!

Look at the words in the box.
Write only the words that contain the long o sound inside Longo's giant globe.
Let's go!

globe	told	rope
know	rode	note
now	row	not
goat	top	got
home	toe	lot

Long O Sound: Review

The Great Longo has a secret message for you!

Color each box that has a long o word.

| night | bump | sip | log | is |
| jump | | cat | chip | date |

night · bump · sip · log · is · jump · cat · chip · date · rate · bowl · dog · be · hose · go · so · it · hoe · hat · lip · globe · row · roll · old · late · he · she · ship · no · low · lot · goat · blow · rode · toe · own · hop · dip · light · hip · skate · knee · nice · save · stop · ice · son · great · bee · not

Longo's secret message is: _____

Long U Sound: silent e, ui, ew, ue

Draw a line from each long **u** word to its picture.
Then write the word on the line.

tube

1. _____

suit

2. _____

cube

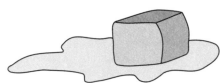

3. _____

fuel

4. _____

glue

5. _____

screw

6. _____

Long U Sound: silent **e, ui, ew, ue**

Long U Sound: Review

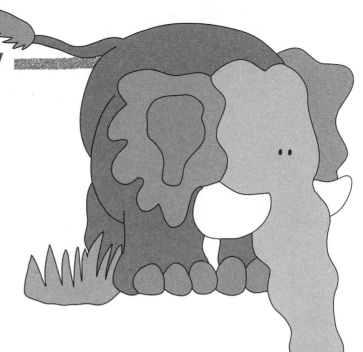

Help the Great Longo make sentences with long **u** words.

Write a long **u** word in each sentence.

> | | | |
> |---|---|---|
> | **mew** | **few** | **cute** |
> | **huge** | **view** | **use** |

1. If there aren't many, there are _____ .

2. I heard the kitten _____ .

3. I thought that baby was very _____ .

4. An elephant is a _____ animal.

5. Standing on a mountain, you have a nice _____ .

6. When you work with something, you _____ it.

Long Vowel Sounds: General Review

Circle the word in each row that has the same long vowel sound as the **bold** word.

1. **mule**   lip   fuel   hot

2. **go**   clam   nut   post

3. **chief**   milk   me   fun

4. **five**   sky   stick   gift

5. **cane**   way   fan   end

6. **leave**   step   key   miss

7. **know**   fast   float   dock

8. **rice**   mile   trick   dish

Long Vowel Sounds: General Review

Let's color Longo!

Use the sound key to color the picture.

Long **a** – blue
Long **e** – orange
Long **i** – purple
Long **o** – brown
Long **u** – yellow

feet

beat

low

cake

go

no

pie

cube

bake

mule

mind

use

say

grow

rain

dime

eight

rake

Long Vowel Sounds: General Review

The Great Longo is playing long vowel opposites.
You can play, too!

Read each word.
Write a long vowel word
that is the opposite.

take	sleep	low	sweet
dry	clean	go	white
over	cold	me	night

1. **dirty** _ _ _ _ _ _

2. **hot** _ _ _ _ _

3. **sour** _ _ _ _ _

4. **you** _ _

5. **black** _ _ _ _ _

6. **under** _ _ _ _

7. **day** _ _ _ _ _

8. **wake** _ _ _ _ _

9. **come** _ _

10. **give** _ _ _ _

11. **wet** _ _ _

12. **high** _ _ _

Long Vowel Sounds: General Review

Say each word.
Draw a line from the word to
the long vowel sound.

1. **sheep**

2. **eight**

3. **gold**

4. **cube**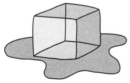

5. **try**

 Long **a**

 Long **e**

Long **i**

 Long **o**

 Long **u**

6. **chief**

7. **goat**

8. **blue**

9. **wild**

10. **cane**

Long Vowel Sounds: General Review

Find all the long vowel words.
Color them green.
Then read Longo's secret message.

					thumb	bun	dance	
fog	log		had		bet		jump	
sit		clock		run		set		pet
	know			is		thief		cake
let			nice			lit	no	
	go	if		ice		hike		hill
rice			glue			at		
				pie			say	
cute		seen	it		rake		mean
sock				had	met		
	net	not	hit			bit	dog
jog	has			sun	fun		mad

The secret message is: _____

Answer Key

Page 1
1. hat
2. fan
3. tack
4. stamp
5. bat
6. lamp
7. cat
8. van
9. mask

Page 2
1. yes
4. no
7. yes
10. yes

2. no
5. no
8. yes
11. no

3. yes
6. yes
9. no
12. yes

Page 3
Automatic fill-in.
On stage: **apple**

Page 4
1. bat
2. mask
3. cat
4. hand
5. tag

Page 5
1. tent
2. bed
3. sled
4. bell
5. ten
6. nest

Page 6
1. dress
2. web
3. hen
4. belt
5. desk
6. bed
7. pen

Page 7
1. e
2. e
3. x
4. e
5. x
6. e
7. x
8. e

Page 8
1. bell
2. Men
3. plan
4. ladder
5. handle
6. get
7. red
8. fast

Page 9
1. web
2. fan
3. apple
4. ant
5. sled
6. tent
7. desk

Page 10
1. bib
2. fish
3. pig
4. mitt
5. hill
6. dish
7. brick
8. wig
9. gift

Page 11
1. yes
4. no
7. yes
10. no

2. no
5. no
8. yes
11. yes

3. yes
6. yes
9. yes
12. yes

Page 12
Automatic fill-in.
message: **ADMIT ONE**

Page 13
short **a**:
hat, lamp, hand, bad
short **i**:
pig, hill, fish, six

Page 14
short **e**:
dress, ten, bed, tent
short **i**:
lips, fish, gift, six

Page 15
short **a**:
bat, fan
short **e**:
pen, tent
short **i**:
gift, fish

Page 16
1. mop
2. block
3. sock
4. doll
5. lock
6. box
7. clock
8. top

Page 17
1. sock
2. clock
3. fox
4. top
5. mop
6. block
7. doll

Page 18
Automatic fill-in.
missing prop: **top**

Page 19
1. hat
2. hot
3. top
4. tap
5. sock
6. sack

Page 20
short **e**:
hen, bed, bell
short **o**:
sock, mop, clock

Page 21
1. i
2. o
3. o
4. i
5. o
6. i
7. o
8. i
9. o

Page 22
1. cat
2. belt
3. desk
4. pig
5. bat
6. lock
7. bib
8. mop

Page 23
1. duck
2. bug
3. cub
4. sub
5. bus
6. truck

Page 24
color:
2. sun
4. duck
5. drum
9. tub
10. cup
12. bug

Page 25
Automatic fill-in.
picture of: **bus**

Page 26
1. cap
2. cup
3. cat
4. cut
5. bug
6. bag
7. fan
8. fun

Page 27
short **e**:
desk, bet, nest, tent
short **u**:
hug, duck, tub, truck

Page 28
1. pig
2. bus
3. mittens
4. cup
5. fish
6. drum

Page 29
1. mop
2. duck
3. doll
4. bus
5. lock
6. fox

Page 30
1. e
5. a
9. i
13. u

2. i
6. e
10. u
14. a

3. o
7. i
11. a
15. o

4. u
8. e
12. i
16. i

Answer Key

Page 32
1. sail
2. snail
3. rain
4. nail
5. train
6. pail

Page 33
1. hay
2. spray
3. play
4. jay
5. tray
6. crayon

Page 34
eight weigh
sleigh Eight, eighty-eight
Neigh

Page 35
1. mane
2. cane
3. hate
4. cape

Page 36
1. hate
2. pale
3. same
4. plane
5. fade

Page 37
say, play, pail, plane, cane, eight, cake, tail, train, weigh

Page 38
stay, made, pail, bake, day

Page 39
1. teeth
2. tree
3. wheel
4. teepee
5. sheep
6. three

Page 40
1. meat
2. leaf
3. seal
4. peanut
5. eagle
6. jeans
7. beak
8. beads

Page 41
1. key
2. monkey
3. donkey
4. hockey
5. money
6. turkey

Page 42
shield, chief, he, she, field, cookie, thief

Page 43
Automatic fill-in.

Page 44
1. yes
2. yes
3. no
4. yes
5. no
6. yes
7. no
8. yes
9. yes

Page 45
1. fly, sky
2. spy, sly
3. My, shy
4. Why, dry
5. pie, tie
6. Try, cry

Page 46
fight, light, night, right, knight, high, fright

Page 47
1. kind
2. child
3. mind
4. blind
5. find
6. wild

Page 48
1. dime
2. time
3. bike
4. kite
5. write
6. tire
7. fire
8. hive

Page 49
bike, lie, sight, write, might, fire, pie, sky, ice

Page 50
1. fly
2. nine
3. bike
4. tire
5. hive
6. dime
7. five

Page 51
1. toe
2. hoe
3. doe
4. road
5. coat
6. toast
7. boat
8. goat
9. toad

Page 52
1. go
2. bowl
3. snow
4. Gold
5. ghost
6. crow
7. no
8. old

Page 53
nose, rope, pole, notes, bone, hole, rose, home

Page 54
globe, told, rope, know, rode, note, row, goat, home, toe

Page 55
globe, low, row, bowl, so, roll, goat, go, old, blow, hoe, no, rode, hose, toe, own **(HELLO)**

Page 56
1. glue
2. cube
3. screw
4. fuel
5. suit
6. tube

Page 57
1. few
2. mew
3. cute
4. huge
5. view
6. use

Page 58
1. fuel
2. post
3. me
4. sky
5. way
6. key
7. float
8. mile

Page 59
Automatic fill-in.

Page 60
1. clean
2. cold
3. sweet
4. me
5. white
6. over
7. night
8. sleep
9. go
10. take
11. dry
12. low

Page 61
1. long e
2. long a
3. long o
4. long u
5. long i
6. long e
7. long o
8. long u
9. long i
10. long a

Page 62
rice, cute, know, go, seen, nice, glue, pie, ice, thief, rake, hike, no, say, mean, cake **(LONGO)**

Answer Key—Short and Long Vowels **02330**